Vorwort

Liebe Leserinnen und Leser,
vielen Dank, dass Sie sich für ein Buch der trainingsunterstützenden Reihe von handball-uebungen.de entschieden haben.

Mini- bzw. Kinderhandball unterscheidet sich grundlegend vom Training höherer Altersklassen und erst recht vom Handball in Leistungsbereichen. Bei diesem ersten Kontakt mit der Sportart „Handball" sollen die Kinder an den Umgang mit dem Ball herangeführt werden. Es soll der Spaß an der Bewegung, am Sport treiben, am Spiel miteinander und auch am Wettkampf gegeneinander vermittelt werden.

Das vorliegende Buch führt zunächst kurz in das Thema und die Besonderheiten des Mini- und Kinderhandballs ein und zeigt dabei an einigen Beispielübungen Möglichkeiten auf, das Training interessant und abwechslungsreich zu gestalten. Im Anschluss folgen fünf komplette Trainingseinheiten in verschiedenen Schwierigkeitsgraden mit Hauptaugenmerk auf den Grundtechniken im Handball (Prellen, Passen, Fangen, Werfen und Abwehren im Spiel gegeneinander). Hier wird spielerisch in die späteren handballspezifischen Grundlagen eingeführt, wobei auch die generelle Bewegungserfahrung und die Ausprägung von koordinativen Fähigkeiten besondere Beachtung findet.

Die Übungen sind leicht verständlich durch Text und Übungsbild erklärt und können in jedes Training direkt integriert werden. Durch verschiedene Variationen können die Trainingseinheiten im Schwierigkeitsgrad an die jeweilige Trainingsgruppe angepasst werden. Sie sollen auch Ideen bieten, die Übungen zu modifizieren und weiterzuentwickeln, um das Training immer wieder neu und abwechslungsreich zu gestalten.

Beispielgrafik:

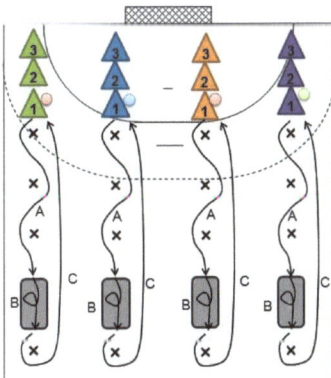

Copyright © 2009-2016 DV Concept, All Rights Reserved

handball-uebungen.de
Trainingseinheiten und Übungen für Ihr Training!

Inhalt

Danksagung

Das Buch wäre ohne die Hilfe von Alie Lackner, die mit ihren Erfahrungen aus dem Bereich Kinderturnen mit Spielideen und vielen Hinweisen zu altersgerechten Übungen zu den Trainingseinheiten beigetragen hat, nicht möglich gewesen. Vielen Dank hierfür. Mein Dank gilt auch meiner Co-Autorin Elke Lackner, die einen wesentlichen Anteil an Konzeption und Aufbau der Trainingseinheiten und Übungen hatte.

1. Auflage (20. Juni 2014)
Verlag: DV Concept (handball-uebungen.de)
Autoren: Jörg Madinger, Elke Lackner
ISBN: 978-3956411533

Nachdruck, fotomechanische Vervielfältigung jeder Art, Einspeicherung bzw. Verarbeitung in elektronischen Systemen bedarf des schriftlichen Einverständnisses des Autors.

Copyright © 2009-2016 DV Concept, All Rights Reserved

1. Grundsätze für Mini- und Kinderhandball

Das Hauptziel des Minihandballs liegt darin, den Kindern den Spaß am Sport zu vermitteln und ihnen die Möglichkeit zu bieten, verschiedene Bewegungen (auch sportartübergreifend) zu erlernen, auszuprobieren und anzuwenden. Dabei sollen die Sportstunden abwechslungsreich und spannend gestaltet sein und jedem Kind die Möglichkeit bieten, sich einzubringen. Kinder haben einen ausgeprägten Bewegungs- und Spieldrang, den sie in den Sportstunden ausleben wollen.

Deshalb sollten folgende Grundsätze bei der Trainingsplanung und Durchführung beachtet werden:

Vielfältige Bewegungsmöglichkeiten:

Die Kinder im Alter zwischen 5 und 9 Jahren befinden sich im besten motorischen Lernalter, können also Bewegungen und Bewegungsmuster besonders leicht erlernen. Deshalb ist es wichtig, den Kindern viele Möglichkeiten zu bieten, Bewegungserfahrungen zu machen. Dabei sollten nicht nur handballspezifische, sondern auch sportartübergreifende Bewegungen ausprobiert werden. Einfache Bewegungslandschaften bieten hier gute Möglichkeiten, Bewegungsabläufe zu kombinieren.

Beispielübung:

B1	Bewegungskontinuum	10	10

Aufbau:
- Eine Bank mit zwei Hütchen darauf aufstellen, Matten dahinter auslegen.
- Die Spieler bilden eine Schlange, der letzte Spieler hat einen Ball.
- Zwei Spieler stehen im Feld (hier **6** und **7**).

Ablauf:
- Die Spieler in der Schlange stehen mit gespreizten Beinen hintereinander mit Blickrichtung zu **5**.
- Der hinterste Spieler (**5**) gibt den Ball durch seine Beine zu **4**, dieser gibt den Ball durch seine Beine weiter zu **3** usw. bis der Ball bei **1** angekommen ist (A).

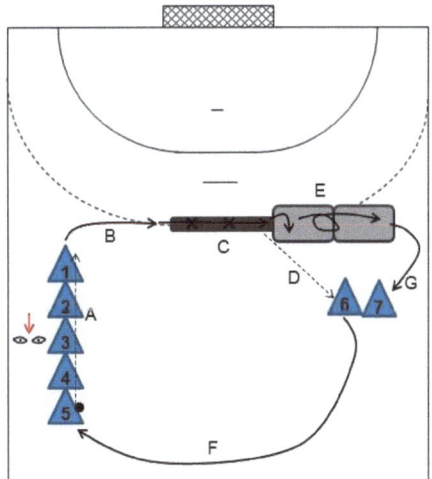

Copyright © 2009-2016 DV Concept, All Rights Reserved

- dreht sich um, läuft mit Ball zur Bank (B), steigt auf die Bank und balanciert über die Bank, wobei er über die Hütchen steigt (C). Am Ende angekommen, passt zu (D).
- Nach dem Pass springt von der Bank und macht eine Rolle (Purzelbaum, Baumstammrolle) über die Matten (E).
- läuft mit Ball zur Schlange, dreht sich um (F) und startet den Ablauf erneut, indem er den Ball durch die Beine an übergibt.
- stellt sich hinter an (G).
- Usw.

Koordinative Grundlagen

Koordinative Grundlagen sind eine wichtige Voraussetzung, um auch in späteren Jahren spezifische Bewegungen zu erlernen und präzise auszuführen. Deshalb liegt im Kinderhandball ein besonderes Augenmerk auf der Ausbildung der koordinativen Fähigkeiten wie Rhythmusfähigkeit, Orientierung, Gleichgewicht, Reaktion, Differenzierung (Bewegungen an unterschiedliche Gegebenheiten präzise anpassen) und Kopplung von Bewegungen.

Beispielübungen:

B2	Gleichgewicht: Balancieren auf Bänken	10	10

Aufbau:
- Bänke (evtl. umgedreht) aufstellen. Alternativ können auch auf dem Boden ausgelegte Seile verwendet werden.

Ablauf:
- Zwei Kinder starten auf den beiden gegenüberliegenden Seiten einer Bank gleichzeitig und balancieren über die Bank.
- In der Mitte laufen die Spieler aneinander vorbei, ohne die Bank zu verlassen.
- Dabei helfen sich die Spieler gegenseitig aneinander vorbei.

B3	Differenzierung: Prellen mit verschiedenen Bällen	10	10

Ablauf:
- Jeder Spieler bekommt einen Ball (Basketball, Tennisball, Handball, Softball).
- Die Spieler laufen durcheinander durch die Halle und prellen ihren Ball.
- Auf Signal des Trainers tauschen die Spieler ihren Ball mit einem anderen Spieler, der nicht den gleichen Balltyp prellt und prellen dann mit dem neuen Ball weiter.

| B4 | Rhythmus, Orientierung | 10 | 10 |

Aufbau:

- Vier Matten mit jeweils drei Reifen davor auslegen; die Spieler verteilen sich auf die Matten.

Ablauf:

- Der Trainer in der Mitte zeigt auf zwei Matten.
- Der jeweils erste Spieler der angezeigten Matten läuft von der Matte und durchspringt die Reifen mit beidbeinigen Sprüngen (A).
- Danach stellt er sich an der anderen angezeigten Matte hinten an (B).
- Wenn die Spieler am Ende der Reifen angekommen sind, zeigt der Trainer zwei neue Matten an und die nächsten beiden Spieler starten.

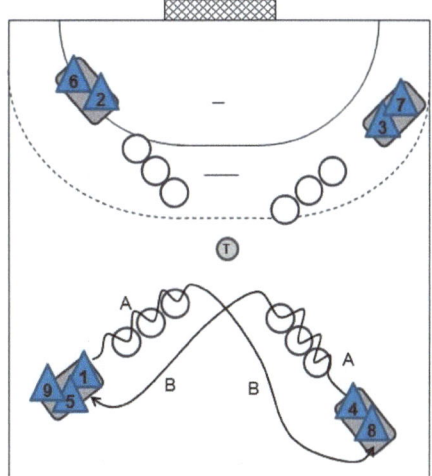

Spaß durch Spiele und Wettkämpfe

Die Kinder sollen die Möglichkeit haben, ihren Spieldrang auszuleben und sich auszutoben. Dabei stehen die Spielfreude und der Spaß im Vordergrund.

In kleinen Spielen lernen die Kinder auch, sich an einfache Spielregeln zu halten und sich Gegnern gegenüber fair zu verhalten. Ebenso wird der Gedanke des Miteinanders im Team gefördert. Die folgenden Trainingseinheiten beinhalten eine Vielzahl von kleinen Spielen und Wettkämpfen, die variabel eingesetzt werden können.

Einsatz vielfältiger Spielgeräte

Ein vielseitig gestaltetes Training macht Kindern besonders viel Spaß. Dabei sind der Kreativität keine Grenzen gesetzt. Viele Haushaltsgegenstände eignen sich dazu, als Spielgeräte zu dienen, z. B.: Wurfsäckchen aus mit Erbsen gefüllten Waschlappen, Bierdeckel, Luftballons, Pappbecher, Taschentücher o. ä.

Copyright © 2009-2016 DV Concept, All Rights Reserved

Beispielübungen:

B5	Spiel mit Bierdeckeln	10	10

Aufbau:
- Bierdeckel in der ganzen Halle verteilen.
- Mannschaften bilden.

Ablauf:
- Die ersten Spieler jeder Mannschaft starten gleichzeitig und holen jeweils einen der Bierdeckel in der Halle.
- Sie schlagen den nächsten Spieler ab, der ebenfalls einen Bierdeckel holt.
- Die gesamte Gruppe baut aus den geholten Bierdeckeln einen Turm.
- Welche Mannschaft hat am Ende den höchsten Turm gebaut?

B6	Pappbecher und Tennisbälle	10	10

Ablauf:
- Jedes Kind bekommt einen Pappbecher und einen Tennisball.
- Die Kinder werfen den Tennisball hoch und versuchen, ihn mit dem Pappbecher zu fangen.
- Die Kinder balancieren den Tennisball auf dem (umgedrehten) Pappbecher und durchlaufen einen Parcours (im Slalom durch Hütchen, über kleine Turnkisten steigen o. ä.).

Copyright © 2009-2016 DV Concept, All Rights Reserved

2. Erläuterungen zu den Trainingseinheiten

Schwierigkeitsgrad

Die Trainingseinheiten sind in drei Schwierigkeitsgrade gegliedert:

⭐   Alter: ab 4 Jahre (Superminis): Die Übungen in der Trainingseinheit können von jedem Kind ohne vorhandene Grundlagen durchgeführt werden.

⭐⭐   Alter: ab 6 Jahre (Minis): Die Trainingseinheiten können im Prinzip von jedem Kind durchgeführt werden, setzen jedoch gewisse motorische Fähigkeiten voraus. Durch Varianten werden in den Trainingseinheiten Möglichkeiten aufgezeigt, den Schwierigkeitsgrad zu modifizieren.

⭐⭐⭐   Alter: ab 7 Jahre (Minis und E-Jugend): Diese Trainingseinheiten setzen teilweise voraus, dass die Spieler bereits Erfahrung in den Grundfertigkeiten (Prellen, Passen, Fangen) gesammelt haben. Durch Varianten werden in den Trainingseinheiten auch Möglichkeiten aufgezeigt, den Schwierigkeitsgrad zu modifizieren.

Aufbau der Trainingseinheiten

Die Trainingseinheiten befassen sich jeweils mit einem Thema, welches das Training wie einen roten Faden durchzieht. Dennoch steht die spielerische Heranführung an die Themen im Vordergrund. Zwischen den Spielen bieten Grundübungen den Kindern die Möglichkeit, die Techniken auszuprobieren, zu üben und zu variieren. Die Trainingseinheiten starten mit einer kleinen Erwärmungsphase und gehen dann in Spiele und Übungen zum Thema über. Als Abschluss dient eine Spielvariante, in der die geübten Inhalte angewendet werden können.

Die Trainingseinheiten sind auf 60 Minuten Trainingszeit ausgerichtet. Sollte mehr Zeit zur Verfügung stehen, bietet es sich an, die einzelnen Übungen und Spiele länger durchzuführen oder die zahlreichen Varianten auszuprobieren.

Kinder haben viel Fantasie, deshalb können, gerade im Einstiegsalter, kleine Geschichten helfen, die Aufmerksamkeit und das Verständnis zu verbessern. Einige Beispiele sind in den Trainingseinheiten enthalten.

Copyright © 2009-2016 DV Concept, All Rights Reserved

3. Trainingseinheiten

Nr.: M1	Koordination mit Luftballons und Handbällen	☆	60

Startblock		Hauptblock		Schlussblock	
X	Aufwärmen/Einlaufen	X	Ballhandling/Ballkoordination	X	Abschlussspiel
	Laufübung		Passen und Fangen		Sprintwettkampf
	Kleines Spiel		Prellen		
X	Koordination	X	Werfen		
	Sprintwettkampf		Abwehren		
X	Kräftigung		Torhüter		
	Ballgewöhnung		Anwenden im Spiel		

Legende:

✖   Hütchen

△1   Angreifer/Spieler

▬   Turnbank

▭   dünne Turnmatte

▣   Ballkiste

▭   Turnkastenteil

○○○   Luftballons

Benötigt:

→ Luftballons in verschiedenen Farben, 16 Hütchen, 4 dünne Turnmatten, 4 Turnbänke, 2 Teile eines großen Turnkastens, 2 Ballkisten mit ausreichend Bällen

Beschreibung:

Die vorliegende Trainingseinheit stellt neben dem Handball den Luftballon als Kleingerät in den Vordergrund. Das Einlaufen und die Kräftigung bieten die Möglichkeit, sich an den Luftballon zu gewöhnen, bevor in einem Wettkampf mit koordinativen Elementen verschiedene Aufgaben mit dem Luftballon bewältigt werden sollen. Es folgt eine Wurfübung, in der jetzt der Handball verwendet wird und die Luftballons die Ziele bilden. Nach einem Parcours mit dem Handball kommen im Abschlussspiel wieder beide Spielgeräte gleichberechtigt zum Einsatz.

Insgesamt besteht die Trainingseinheit aus folgenden Schwerpunkten:
- Einlaufen/Dehnen (Einzelübung: 10 Minuten / Trainingsgesamtzeit: 10 Minuten)
- Altersspezifische Kräftigung (5/15)
- Wettkampfspiel mit Koordination (10/25)
- Wurfübung (10/35)
- Koordinationsparcours mit Wurf (10/45)
- Abschlussspiel in zwei Varianten (15/60)

Gesamtzeit der Trainingseinheit: 60 Minuten

Copyright © 2009-2016 DV Concept, All Rights Reserved

Nr.: M1-1	Aufwärmen/Einlaufen	10	10

Aufbau:

- Jeder Spieler nimmt sich einen Luftballon. Durch die unterschiedlichen Farben bilden sich Gruppen.

Grundablauf:

- Alle Spieler bewegen sich durcheinander im Feld nach einer der unten angegebenen Varianten, wobei sie ihren Luftballon in der Luft halten.
- Nennt der Trainer laut eine Luftballonfarbe, werfen die Spieler mit der genannten Farbe ihren Luftballon so hoch wie möglich (A) und versuchen dann, einen anderen hochgeworfenen Luftballon der gleichen Farbe aus der Luft zu fangen (B).
- Danach laufen alle Spieler wieder durch die Halle, der Trainer nennt weitere Farben.

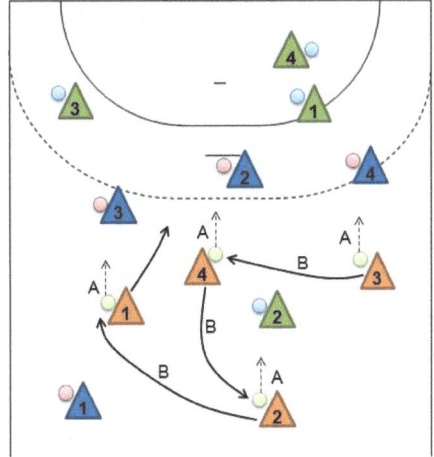

Laufvarianten:

- Die Spieler stoßen den Luftballon immer leicht in die Luft und laufen nach, sodass er nicht herunterfällt.
- Die Spieler versuchen, den Luftballon mit der Hand zu führen, ohne ihn festzuhalten.
- Die Spieler halten den Luftballon mit dem Kopf in der Luft.
- Die Spieler halten den Luftballon in der Luft, indem sie ihn bei jedem Herunterkommen mit einem anderen Körperteil berühren (mit der Hand, mit dem Kopf, mit dem Ellbogen, mit dem Fuß…)

Copyright © 2009-2016 DV Concept, All Rights Reserved

Nr.: M1-2	Altersspezifische Kräftigung	5	15

Ablauf:
- Jeder Spieler hat wieder einen Luftballon.
- Die Spieler laufen auf allen Vieren und rollen ihren Luftballon durch leichtes Anstoßen mit Armen oder Beinen über den Boden.
- Die Spieler liegen auf dem Bauch und bewegen sich durch Schlängeln über den Boden, dabei schieben sie den Luftballon mit dem Kopf vor sich her.
- Die Spieler laufen im Spinnengang (auf Händen und Füßen, der Bauch zeigt nach oben, der Po nach unten) rückwärts durch die Halle und versuchen, den Luftballon auf dem Bauch zu balancieren.

Geschichte zur Kräftigung:
- Es ist Frühling und auf der Wiese tummeln sich die Insekten. Alle Insekten wollen Material sammeln für ihre Nester.
- Die Kinder sind kleine Käfer und wuseln auf allen 4 Beinen durch die Halle und transportieren dabei ihr Material.
- Die Kinder sind Regenwürmer und transportieren das Material, ohne Arme und Beine zu benutzen.
- Die Kinder sind Spinnen und transportieren das Material im Spinnengang.

Nr.: M1-3	Wettkampfspiel mit Koordination	10	25

Aufbau:
- Mannschaften mit jeweils 3-4 Spielern und einem Ballon bilden.
- Hütchen und Matten wie im Bild aufstellen/auslegen.

Ablauf:
- Die jeweils ersten Spieler starten, umlaufen die Hütchen im Slalom und transportieren dabei den Luftballon, ohne ihn festzuhalten (A) (durch leichtes Anstoßen oder Führen auf der flachen Hand).
- Auf der Matte werfen die Spieler den Luftballon nach oben, drehen sich einmal um 360 Grad und fangen ihn wieder (B).

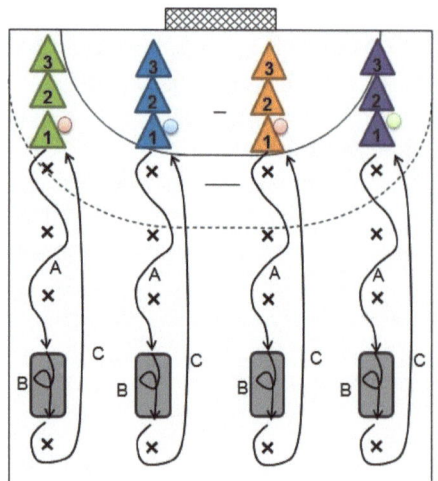

Copyright © 2009-2016 DV Concept, All Rights Reserved

- Danach nehmen sie den Luftballon in die Hände und laufen so schnell wie möglich neben der Hütchenbahn zurück und übergeben den Luftballon an den nächsten Spieler (C).
- Die Gruppe, die zuerst fertig ist, bekommt für den Durchgang einen Punkt.
- Welche Gruppe hat die meisten Punkte nach Ablauf mehrerer Durchgänge?

Variationen für weitere Durchgänge:
- Der Ballon darf nicht geführt, sondern nur angestoßen werden.
- Der Ballon wird mit dem Kopf/dem Fuß geführt.
- Auf der Matte wird der Ballon nach oben geworfen, der Spieler setzt sich und steht wieder auf, bevor er den Ballon fängt.

Nr.: M1-4	Wurfübung	10	35

Aufbau:
- Bänke zu einem Quadrat zusammenstellen und das Feld mit Luftballons füllen.

Ablauf:
- Die Spieler verteilen sich um das Feld; jeder Spieler hat einen Ball.
- Die Spieler versuchen, die Luftballons im Feld so abzuwerfen (A), dass sie entweder platzen oder aus dem Feld springen (B).
- Die Spieler nehmen die aus dem Feld springenden Handbälle wieder auf und werfen erneut.
- Bleibt ein Handball im Feld liegen,

  holt der Spieler sich einen neuen Ball aus der Ballkiste (C).
- Die Gruppe versucht, in einer vorgegebenen Zeit so viele Luftballons wie möglich aus dem Feld zu entfernen.

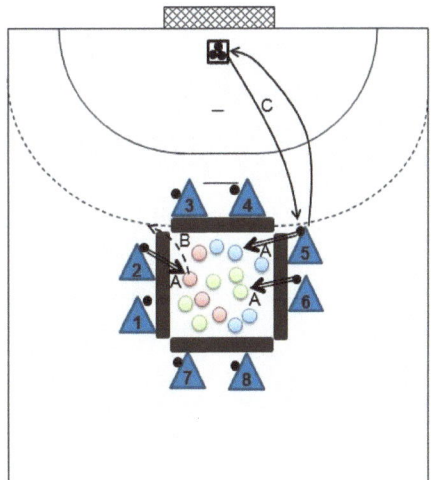

Nr.: M1-5	Koordinationsparcours mit Wurfübung	10	45

Aufbau:

- Kastenteile aufstellen und jeweils eine Matte hindurchlegen.
- Je eine Bank längs aufstellen.
- Dahinter mit Hütchen die Abwurfzone markieren und eine zweite Bank mit einigem Abstand zur Wand aufstellen
- Zwei Gruppen bilden; der erste Spieler (1) jeder Gruppe steht zwischen Matte und Bank.

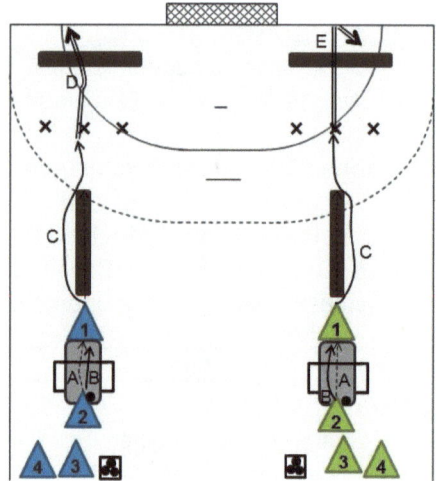

Ablauf:

- 2 passt oder rollt den Ball durch das Kastenteil zu 1 (A).
- Anschließend kriecht 2 durch das Kastenteil und nimmt die Position von 1 ein (B).
- 1 nimmt den Ball auf, läuft an der Bank entlang und rollt dabei den Ball auf der Bank (C).
- An den Hütchen wirft 1 entweder im Bodenpass (D) oder direkt (E) an die Wand, sodass der Ball hinter der Bank liegen bleibt.
- Wenn 1 den Ball über die Bank gerollt hat, startet 3 und rollt/passt zu 2 (A).
- Usw.

Variationen (je nach Leistungsstärke):
- Auf der Bank balancieren und den Ball um den Körper kreisen
- Auf der Bank balancieren und den Ball auf der Bank rollen/mit dem Fuß führen
- Auf der Bank balancieren und den Ball über den Kopf halten, dabei über auf der Bank aufgestellte Hütchen steigen
- Auf der Bank balancieren und den Ball auf der Bank/neben der Bank prellen

⚠ Fällt der Ball beim Rollen herunter, wird er an der Stelle wieder aufgesetzt, wo der Spieler ihn verloren hat.

Der Parcours als Wettkampf:
- Bälle, die hinter die Bank geworfen wurden, bleiben liegen. Trifft der Ball nicht, wird er vom Spieler wieder mitgenommen und der Spieler startet mit dem gleichen Ball, wenn er wieder an der Reihe ist. Welche Gruppe leert schneller die eigene Ballkiste?

Copyright © 2009-2016 DV Concept, All Rights Reserved

Nr.: M1-6	Abschlussspiel	15	60

Aufbau:

- Mit Bänken das Feld halbieren.
- Auf jeder Hälfte gleich viele Ballons und Bälle verteilen.
- Zwei Mannschaften bilden; jede Mannschaft stellt sich auf eine Seite.

Ablauf:

- Auf Signal starten beide Mannschaften gleichzeitig.
- Die Spieler heben einen Ball oder Ballon auf (A) und werfen ihn auf die andere Seite (B und C).
- Nach 2-3 Minuten erfolgt ein Pfiff.
- Beide Mannschaften hören mit Werfen auf und es wird gezählt, wie

Bild Variante 1

viele Bälle/Ballons auf jeder Seite liegen. Die Mannschaft, die weniger Bälle/Ballons auf ihrer Seite hat, gewinnt den Durchgang.
- Wer gewinnt das Spiel nach einigen Durchgängen?

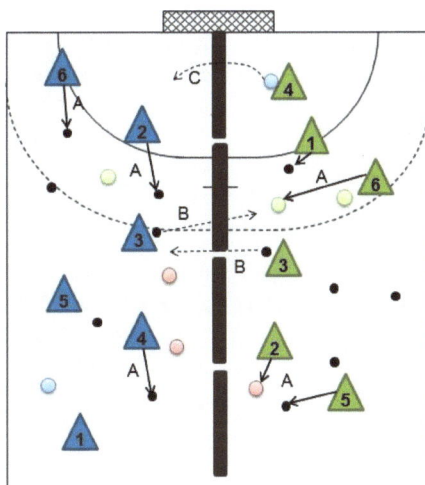

Erweiterung:

- Auf jeder Feldhälfte wird einen leere Ballkiste aufgestellt. Ein Spieler jeder Mannschaft geht in die Hälfte des gegnerischen Teams.
- Auf Pfiff nehmen die Spieler wieder einen Ball oder Ballon (A) auf und werfen auf die andere Seite (B/C).
- Der Spieler im Feld der Gegenmannschaft darf auch Bälle oder Ballons aufheben (D) und trägt diese in die Ballkiste (E). Die Bälle in der Ballkiste sind aus dem Spiel und können nicht mehr geworfen werden. Beim Zählen werden die Bälle in der Kiste zu den Bällen im jeweiligen

Bild Variante 2

Feld addiert.

Geschichte zum Spiel:

- Die Bälle und Luftballons sind Müll. Zwei Dörfer möchten keinen Müll im Dorf haben. Die Dorfbewohner treffen sich nachts und werfen heimlich den Müll in das andere Dorf. Leider haben beide dieselbe Idee, mal sehen, wer sie besser umsetzt.

⚠ Jeder Spieler darf immer nur einen Ball/Ballon auf einmal aufnehmen.

⚠ Jeder Spieler wirft seinen Ball / Luftballon selbst auf die andere Seite. Bälle und Ballons werden nicht innerhalb der Mannschaft übergeben.

Notizen:

_____

_____

_____

_____

_____

_____

_____

Copyright © 2009-2016 DV Concept, All Rights Reserved

Nr.: M2		Prellen		★★★	60
Startblock		**Hauptblock**		**Schlussblock**	
X	Aufwärmen/Einlaufen	X	Ballhandling/Ballkoordination	X	Abschlussspiel
	Laufübung		Passen und Fangen		Sprintwettkampf
X	Kleines Spiel	X	Prellen		
X	Koordination		Werfen		
	Sprintwettkampf		Abwehren		
	Kräftigung		Torhüter		
	Ballgewöhnung		Anwenden im Spiel		

Legende:

✖   Hütchen

△ 1   Angreifer/Spieler

● 1   Abwehrspieler

▬   Turnbank

⬛   Ballkiste

◯   Reifen

●   Softball

🔲   Würfel

Benötigt:
- ➜ 1 Reifen pro Spieler (mind. 8), 13 Hütchen, 2 Softbälle, 2 Turnbänke, 2 Schaumstoffwürfel, 2 Ballkisten mit ausreichend Handbällen, 2 Stifte, Papier

Beschreibung:

Ziel der Trainingseinheit ist die Verbesserung des Ballhandlings beim Prellen. Bereits beim Einlaufen steht das Prellen im Vordergrund und wird in verschiedenen Varianten geübt. Nach einem kleinen Spiel und einer Koordinationsübung folgt eine Übung, in der beim Prellen Randbedingungen beachtet werden sollen. In einem Wettspiel mit Prellkoordination und einem Balltransportspiel zum Abschluss soll das Erlernte angewendet und vertieft werden.

Insgesamt besteht die Trainingseinheit aus folgenden Schwerpunkten:
- Aufwärmen/Einlaufen (Einzelübung: 10 Minuten / Trainingsgesamtzeit: 10 Minuten)
- Kleines Spiel (10/20)
- Koordination (5/25)
- Prellübung mit Wurf (10/35)
- Prellkoordination (10/45)
- Abschlussspiel in zwei Varianten (15/60)

Gesamtzeit der Trainingseinheit: 60 Minuten

Copyright © 2009-2016 DV Concept, All Rights Reserved

Nr.: M2-1	Aufwärmen/Einlaufen	10	10

Aufbau:
- Einige Hütchen im Feld außerhalb des 9-Meter-Raums aufstellen.

Ablauf:
- Alle Spieler laufen mit Ball durcheinander im 9-Meter-Raum (A) und üben verschiedene Prellvarianten (mit der Wurfhand/ mit der Nichtwurfhand/ abwechselnd).
- Nennt der Trainer zwei Namen, nehmen sich die beiden Spieler an der Hand und laufen gemeinsam um eines der Hütchen (B).
- Je nach Leistungsstärke:
  - o Halten die Spieler beim Umlaufen der Hütchen ihren Ball in der Hand
  - o Prellt einer der beiden Spieler
  - o Prellen beide Spieler

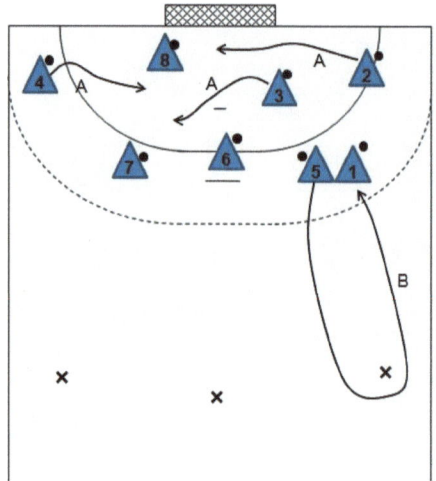

Nr.: M2-2	Kleines Spiel	10	20

Aufbau:
- Reifen in der Halle verteilen.
- Jedes Kind stellt sich in einen Reifen.
- Ein Kind hat keinen Reifen (1).
- Den Kindern werden Obstsorten (Äpfel, Birnen...) zugeordnet (z. B. durch Ziehen von Karten mit den entsprechenden Obstsorten).

Ablauf:
- Der Spieler ohne Reifen (1) nennt laut eine Obstsorte (z. B.: „Äpfel").
- Alle dieser Obstsorte zugeordneten Kinder müssen dann ihre Reifen tauschen. Sie laufen prellend aus

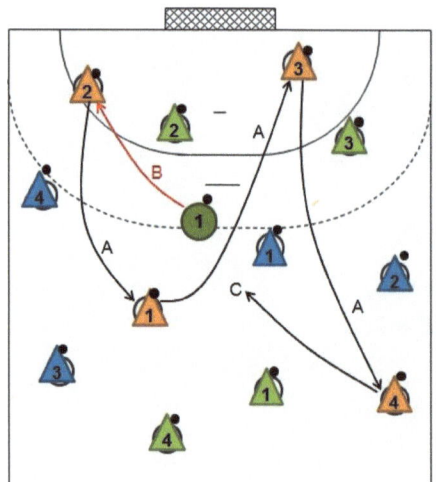

Copyright © 2009-2016 DV Concept, All Rights Reserved

ihrem Reifen heraus und in einen freigewordenen Reifen (A).

- ① versucht ebenfalls, prellend in einen der freigewordenen Reifen zu laufen (B).
- Gelingt es ①, wird er zu der genannten Obstsorte. Der Spieler ohne Reifen (C) gibt das nächste Kommando.
- Beim Kommando „Obstsalat" müssen alle Spieler die Reifen tauschen.

Variationen:
- Die Spieler haben keine Bälle, d. h., es wird ohne Prellen gespielt.
- Es liegen verschiedenfarbige Reifen aus. Die Reifenfarbe bestimmt die Zugehörigkeit zum Obst. Beim Kommando „Obstsalat" wechseln die Spieler somit die Obstsorte.

Nr.: M2-3	Koordination	5	25

Ablauf:
- Jeder Spieler hat einen Ball und sucht sich einen freien Platz in der Halle.
- Es werden je nach Leistungsstärke nacheinander folgende Aufgaben ausprobiert:
  - Die Kinder prellen einen Ball abwechselnd mit der rechten und der linken Hand.
  - Die Kinder prellen einen Ball einmal um ihren Körper herum.
  - Die Kinder prellen einen Ball und setzen sich dabei hin.
  - Die Kinder prellen einen Ball und versuchen, durch die Beine in Schrittstellung zu prellen.
  - Die Kinder prellen einen Ball vor dem Körper, drehen sich einmal um die eigene Achse und prellen nach der Drehung weiter.

Copyright © 2009-2016 DV Concept, All Rights Reserved

Nr.: M2-4	Prellübung mit Wurf	10	35

Aufbau:

- 3-4 Hütchentore aufstellen, ein Abwehrspieler pro Hütchentor.
- Mit zwei Hütchen eine Wurflinie markieren und eine Bank mit Hütchen darauf aufbauen.

Ablauf:

- Die Abwehrspieler stehen mit Blickrichtung zum Tor (mit dem Rücken zu den Angreifern) und laufen im Sidestep im Kreis um die Hütchen (A).
- Dabei starten die Abwehrspieler zeitlich versetzt und in verschiedene Richtungen.

- 🔵 prellt durch die Hütchentore (B). Er muss dabei den laufenden Abwehrspielern ausweichen.

- Wenn 🔵 das letzte Hütchentor durchlaufen hat, startet 🔵.

- Nach dem letzten Hütchentor biegt 🔵 prellend (C) nach rechts ab und wirft von der Wurflinie (D). 🔵 versucht, ein Hütchen zu treffen und erhält dafür einen Punkt (das Hütchen wird wieder aufgestellt).

- Sind alle Angreifer einmal durch die Hütchentore gelaufen, wird die Abwehr ausgetauscht.

- Welcher Spieler hat die meisten Punkte, nachdem alle Spieler einmal in der Abwehr waren?

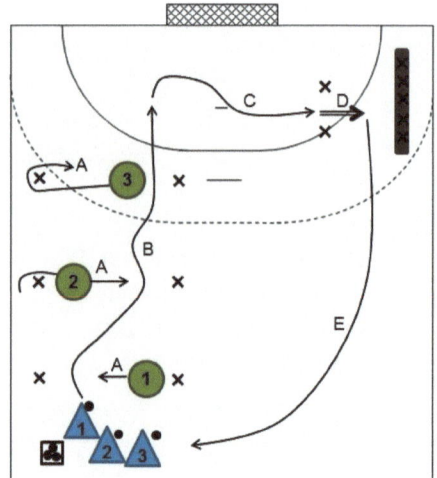

⚠ Die Abwehrspieler sollen zunächst ein Tempo beibehalten und nicht auf die Angreifer reagieren, sodass die Angreifer die Laufbewegung des Abwehrspielers vorhersehen können. Eventuell im späteren Verlauf Tempowechsel erlauben.

⚠ Die Angreifer sollen erkennen, wo sich Lücken ergeben und diese nutzen. Optimal durchprellen sie die Hütchentore, ohne von einem Abwehrspieler berührt zu werden.

⚠ Durch die Breite der Hütchentore kann die Schwierigkeit der Aufgabe gesteuert werden.

Copyright © 2009-2016 DV Concept, All Rights Reserved

Nr.: M2-5	Prellkoordination	10	45

Aufbau:

- Zwei oder mehr Teams bilden.
- Je Team eine Bank und Reifen wie im Bild aufbauen.
- Hinter den Reifen pro Team einen Schaumstoffwürfel (oder kleinen Würfel) auslegen.
- Jede Gruppe bekommt ein DIN-A4-Blatt, auf dem groß die Zahlen von 1 bis 6 geschrieben sind, und einen Stift.

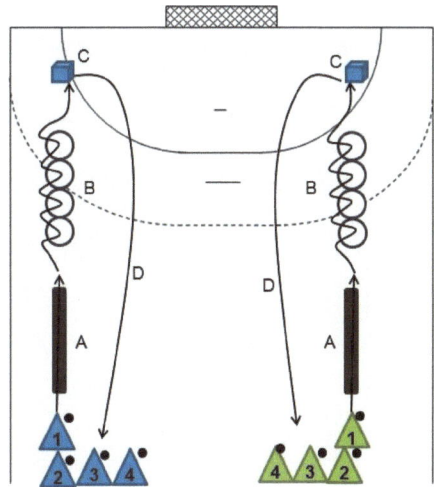

Ablauf:

- Die ersten Spieler starten gleichzeitig.
- Sie prellen auf der Bank und laufen dabei an der Bank entlang (A).
- Danach prellen sie einmal in jeden Reifen (B). Sie laufen dabei neben den Reifen.
- Am Ende wird einmal gewürfelt (C), dann zurückgelaufen und der nächste Spieler abgeschlagen (D). Die gewürfelte Zahl darf auf dem DIN-A4-Blatt durchgestrichen werden.
- Welches Team hat als erstes alle 6 Zahlen durchgestrichen?

Varianten auf der Bank (je nach Leistungsstärke):

- Die Spieler laufen über die Bank und prellen dabei einige Male auf der Bank, wobei sie den Ball nach jedem Prellen wieder aufnehmen.
- Die Spieler laufen auf der Bank und prellen auf der Bank (ohne den Ball aufzunehmen).
- Die Spieler laufen auf der Bank und prellen am Boden.
- Die Spieler laufen an der Bank entlang und prellen auf der anderen Seite neben der Bank.

⚠ Im Parcours geht es nicht um Schnelligkeit. Die Spieler sollen sauber arbeiten und den Ball möglichst selten verlieren oder in die Hand nehmen.

Copyright © 2009-2016 DV Concept, All Rights Reserved

Nr.: M2-6	Abschlussspiel	15	60

Aufbau:

- Auf jeder Seite des Spielfeldes eine Ballkiste aufstellen. In beiden Ballkisten befindet sich die gleiche Anzahl Bälle.
- Zwei Hütchen zur Markierung der Spielfeldbreite aufstellen
- Zwei Mannschaften bilden und den Mannschaften je eine Ballkiste zuordnen

Ablauf Variante 1:

- Auf Signal starten beide Mannschaften gleichzeitig.
- Jeder Spieler nimmt einen Ball aus der Ballkiste seiner Mannschaft (A), prellt dann auf die andere Seite (B) und legt den Ball in der Kiste der gegnerischen Mannschaft ab (C).

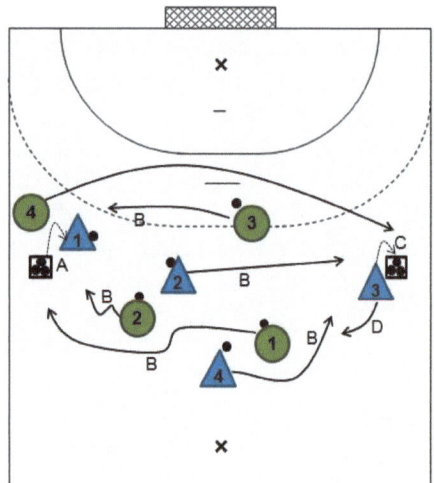

Bild Variante 1

- Danach wird ohne Ball zurückgelaufen (D) und der nächste Ball aus der eigenen Kiste geholt.
- Nach einer vorher festgelegten Zeit (ca. 3-5 Minuten) pfeift der Trainer. Jeder bleibt stehen und es wird gezählt, in welcher Ballkiste mehr Bälle liegen. Die Mannschaft, die weniger Bälle in der eigenen Kiste hat, bekommt in diesem Durchgang einen Punkt.
- Welche Mannschaft hat nach einigen Durchgängen die meisten Punkte?

Erweiterung (Variante 2):

- Der Ablauf aus der 1. Variante bleibt bestehen.
- Ein Spieler jeder Mannschaft hat einen Softball. Dieser Spieler versucht, die prellenden Spieler der gegnerischen Mannschaft abzuwerfen (E).
- Ist ein Spieler getroffen, muss er zunächst um das Begrenzungshütchen prellen, bevor er seinen Weg zur gegnerischen Ballkiste fortsetzen darf (F).

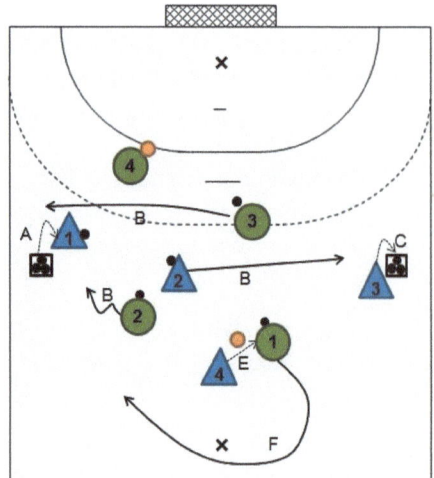

Bild Variante 2

⚠ Jeder Spieler darf immer nur einen Ball auf einmal auf die andere Seite prellen.

⚠ Jeder Spieler prellt selbst auf die andere Seite, Bälle werden nicht übergeben oder gepasst.

Copyright © 2009-2016 DV Concept, All Rights Reserved

Nr.: M3		Passen und Fangen		★★	60	
Startblock		**Hauptblock**		**Schlussblock**		
X	Aufwärmen/Einlaufen		Ballhandling/Ballkoordination	X	Abschlussspiel	
	Laufübung	X	Passen und Fangen		Sprintwettkampf	
X	Kleines Spiel		Prellen			
	Koordination		Werfen			
	Sprintwettkampf		Abwehren			
	Kräftigung		Torhüter			
X	Ballgewöhnung	X	Anwenden im Spiel			

Legende:

✖   Hütchen

△1   Angreifer/Spieler

◯1   Abwehrspieler

▬   Turnbank

▢   kleine Turnkiste

▣   Ballkiste

▭   offener Turnkasten

☐   umgedrehte kleine Turnkiste

◯   Reifen

Benötigt:
➜ 7 Reifen, 4 kleine Turnkisten, 4 Turnbänke, Memoryspiel, 2 Turnkisten, 8 Hütchen, ausreichend Bälle

Beschreibung:

Ziel der Trainingseinheit ist die Verbesserung des Passens und Fangens. Bereits beim Einlaufen werden Pässe integriert, bevor verschiedene Passvarianten ausprobiert und geübt werden. In einem kleinen Wettkampfspiel und der anschließenden Passübung mit Zeitfaktor werden saubere Pässe und sicheres Fangen belohnt. Zwei Spielformen bieten zum Abschluss die Möglichkeit, Pässe in Spielsituationen zu erproben.

Insgesamt besteht die Trainingseinheit aus folgenden Schwerpunkten:
- Aufwärmen/Einlaufen (Einzelübung: 10 Minuten / Trainingsgesamtzeit: 10 Minuten)
- Ballgewöhnung (5/15)
- Kleines Spiel (15/30)
- Passübung (5/35)
- Kleines Spiel mit Pässen und Abwehr (15/50)
- Abschlussspiel (10/60)

Gesamtzeit der Trainingseinheit: 60 Minuten

Copyright © 2009-2016 DV Concept, All Rights Reserved

Nr.: M3-1	Aufwärmen/Einlaufen	10	10

Aufbau:

- Die Spieler stellen sich im Kreis auf; ein Spieler steht mit Ball in der Mitte des Kreises.
- Bei vielen Spielern mehrere Kreise bilden, die die Übung parallel ausführen.

Grundablauf:

- Die Spieler im Kreis bewegen sich langsam in gleichmäßigem Tempo im Kreis (A).
- Der Spieler in der Mitte nennt einen Namen und spielt dann einen Doppelpass mit dem genannten Spieler (B).
- Die Gruppe bewegt sich weiter im Kreis, der Spieler nennt einen neuen Namen und spielt wieder einen Doppelpass.
- Nach einigen Pässen den Spieler in der Mitte wechseln
- Beim Laufen in der Kreisbewegung die Laufvarianten ändern (vorwärts, rückwärts, Hopserlauf, Sidesteps rechts- oder linksherum)
- Passvarianten (Bodenpass, direkter Pass, Druckpass, Pass über den Kopf) beim Doppelpass vorgeben

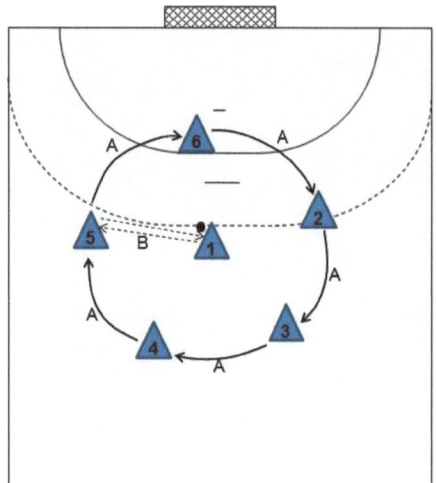

⚠ Der Spieler in der Mitte soll mit seinem Pass (B) warten, bis der gerufene Spieler Blickkontakt aufgenommen hat.

⚠ Die Spieler in der Kreisbewegung sollen die Kreisform und den Abstand zum Vordermann halten und haben somit die Herausforderung, auf ihren Vordermann zu achten und die Geschwindigkeit an ihn anzupassen.

| Nr.: M3-2 | Ballgewöhnung | 5 | 15 |

Ablauf:

- Immer zwei Spieler gehen im Team mit einem Ball zusammen und stellen sich in 2-3 Metern Abstand zueinander auf.
- Die beiden Spieler passen sich einen Ball. Je nach Leistungsvermögen werden einige der folgenden Passvarianten ausprobiert:
  - o Bodenpässe mit der Wurfhand, der Nichtwurfhand
  - o Druckpässe vor dem Körper
  - o Direkte Pässe mit der Wurfhand, Nichtwurfhand
  - o Der Spieler dreht sich vor dem Pass mit dem Rücken zum Mitspieler und passt beidhändig über seinen eigenen Kopf.
  - o Der Spieler dreht sich vor dem Pass mit dem Rücken zum Mitspieler und passt durch seine im Grätschschritt stehenden Beine.
  - o Ein stehender Spieler passt zu seinem sitzenden Partner, dieser passt aus dem Sitzen zurück.

| Nr.: M3-3 | Kleines Spiel | 15 | 30 |

Aufbau:

- Ein Memoryspiel (5-8 Paare) wird auf einer kleinen Turnkiste verdeckt ausgelegt.
- 7 Reifen (s. Bild) vor dem kleinen Kasten auslegen.
- Eventuell Hütchen als Positionsmarkierung für Ablauf 1 aufstellen.
- Zwei Mannschaften bilden. Eine Mannschaft stellt sich im Zickzack auf (s. Bild), wobei der erste Spieler einen Ball hat. Die andere Mannschaft startet vor den Reifen.

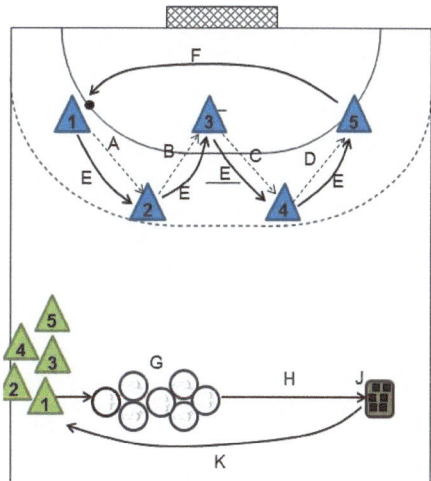

Ablauf Mannschaft 1:

- Mit dem Startkommando passt 1 zu 2 (A). Dann passt 2 zu 3 (B), 3 zu 4 (C) und 4 zu 5 (D).
- Jeder Spieler läuft nach dem Pass auf die Position, zu der er gepasst hat (E).
- Wenn 5 den Ball bekommen hat, läuft er mit Ball auf die Startposition von 1 (F) und bringt den Ball von dieser Position erneut ins Spiel.
- Die Mannschaft zählt, wie oft der Ball von der Startposition ins Spiel gebracht wird.
- Die Mannschaft hat so lange Zeit, bis die zweite Mannschaft ihre Aufgabe (Memoryspiel lösen) beendet hat.

Copyright © 2009-2016 DV Concept, All Rights Reserved

Ablauf Mannschaft 2:

- Beim Startkommando startet der erste Spieler, springt durch die Reifenbahn (mit beiden Füßen in die einzelnen Reifen, jeweils mit einem Fuß in die beiden parallelen Reifen) (G) und läuft danach zum kleinen Kasten (H).
- Dort dreht der Spieler zwei Memorykarten um (J). Passen die Karten zueinander, nimmt er sie mit zur Gruppe. Passen sie nicht zueinander, legt er sie wieder verdeckt hin und läuft ohne Karten zurück (K).
- Dann startet der nächste Spieler, bis das Memoryspiel komplett gelöst ist.

Gesamtablauf:

- Auf Kommando starten beide Mannschaften gleichzeitig mit ihrer Aufgabe.
- Hat Mannschaft 2 das Memoryspiel gelöst, rufen die Spieler „STOP" und die Punkte von Mannschaft 1 werden festgehalten.
- Dann ist Aufgabenwechsel.
- Welche Mannschaft hat beim Passen die meisten Runden geschafft?

Variationen beim Passen:

- Nur Bodenpässe
- Nur direkte Pässe
- Es wird immer abwechselnd ein Bodenpass und ein direkter Pass gespielt.

Nr.: M3-4	Passübung	5	35

Aufbau:

- Zwei Mannschaften bilden, die sich in 2er-Gruppen auf zwei Bänken mit 2-3 Metern Abstand gegenüber aufstellen.

Ablauf:

- Die 2er-Gruppe passt sich einen Ball zu (A).
- Dabei werden folgende Passvarianten ausgeführt:
  - o Bodenpässe (A)
  - o direkte Pässe (B)
  - o Druckpässe vor dem Körper (C)

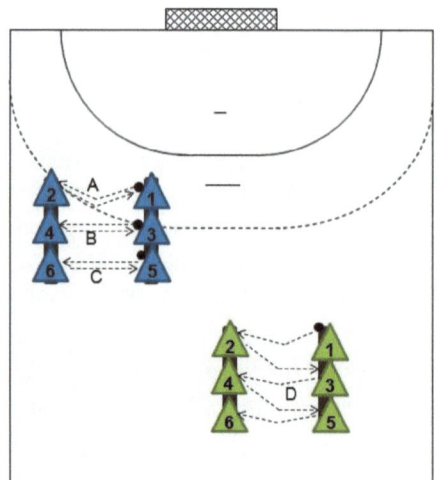

Variante (D):
- Es wird nur mit einem Ball innerhalb des Teams gepasst.
- 1 passt zu 2, 2 zu 3, 3 zu 4 usw., bis zum letzten Spieler (hier 6); dieser passt wieder zu 5 und der Ball läuft entgegengesetzt zurück zu 1.
- Welches Team passt schneller von 1 zu 6 und wieder zurück?

⚠ Die Pässe sollen so sauber gespielt werden, dass der Mitspieler den Pass fangen kann, ohne die Bank zu verlassen.

Nr.: M3-5	Kleines Spiel mit Pässen und Abwehr	15	50

Aufbau:
- Das Spielfeld mit Hütchen oder Linien dreiteilen und drei Mannschaften bilden.
- Eine Ballkiste und drei leere Kisten wie im Bild aufstellen.

Ablauf:

- 1, 2 und 3 spielen zusammen mit 4, 5 und 6.
- 1, 2 und 3 holen die Bälle aus der Ballkiste (A) und spielen dann einen Bodenpass (B), oder passen direkt (C) zu 4, 5 oder 6, die die Bälle in ihrer Kiste ablegen (D).
- 1, 2 und 3 versuchen, die Pässe abzufangen (E) und in einer der seitlichen Kisten abzulegen (F).
- Sind alle Bälle gepasst, werden die Bälle für Abwehr und Angriff gezählt (die Punkte im Angriff zählen für beide Angriffsteams). Danach wechseln die Teams die Aufgaben.
- Welche Mannschaft hat nach drei Durchläufen (Passgeber, Fänger, Abwehr) die meisten Punkte gesammelt?

⚠ Die Spieler sollen keine Bogenlampen spielen. Klare Bogenlampen eventuell für die Abwehr zählen.

⚠ Jeder Spieler passt seinen Ball selbst auf die andere Seite; die Bälle werden nicht innerhalb eines Feldes übergeben.

Copyright © 2009-2016 DV Concept, All Rights Reserved

Nr.: M3-6	Abschlussspiel	10	60

Aufbau:

- Zwei große, oben offene Turnkästen an zwei gegenüberliegenden Wänden aufstellen.
- Jeweils eine kleine Kiste in einigem Abstand davor aufstellen.
- Ein Spieler jeder Mannschaft steht zu Beginn auf der entsprechenden kleinen Kiste.

Ablauf:

- Das Team in Ballbesitz versucht durch geschicktes Laufen und Passen (A), den Mitspieler auf der kleinen Kiste anzuspielen (B).
- Bekommt der Spieler auf der Kiste den Ball, versucht er, mit einem Aufsetzer über den Boden in den offenen Kasten zu treffen (C). Er darf dabei auch die Hallenwand als Bande benutzen.
- Ist der Wurf ein Treffer, wirft der Trainer dem bisherigen Abwehrteam einen neuen Ball zu (D). Ist der Wurf kein Treffer, wird mit demselben Ball weitergespielt, wobei beide Mannschaften den Ball sichern dürfen.
- Nach einem Wurfversuch wird der Spieler auf der Kiste ausgetauscht.
- Welche Mannschaft versenkt mehr Bälle im Turnkasten?

⚠ Der werfende Spieler darf im Wurf nicht attackiert werden. Der Wurf in den Kasten darf nicht gefangen oder abgelenkt werden.

Nr.: M4		Werfen			★★	60

Startblock			Hauptblock		Schlussblock	
	Einlaufen/Dehnen		Ballhandling/Ballkoordination	X	Abschlussspiel	
	Laufübung		Passen und Fangen		Sprintwettkampf	
X	Kleines Spiel		Prellen			
	Koordination	X	Werfen			
	Sprintwettkampf		Abwehren			
	Kräftigung		Torhüter			
X	Ballgewöhnung		Anwenden im Spiel			

Legende:

✖   Hütchen

△1   Angreifer/Spieler

◯1   Abwehrspieler

▬   Weichbodenmatte (hochkant)

▢   Turnkasten

▢   kleine Turnkiste

▣   Ballkiste

●   Medizinball

◯   Reifen

Benötigt:

➔ 5 Medizinbälle, 2 Reifen, Tape, 1 Turnkasten, 1 kleine Turnkiste, 10 Hütchen, 2 Weichbodenmatten, 2 Ballkisten mit ausreichend Bällen

Beschreibung:

Der Wurf auf unbewegte und bewegte Ziele steht im Mittelpunkt dieser Trainingseinheit. Nach einem kleinen Fangspiel zur Erwärmung und einem kleinen Spiel zur Ballgewöhnung wird zunächst in einem Wurfwettkampf und im Anschluss in einem Stationstraining mit verschiedenen unbewegten Zielen und einem Torwurf die Treffsicherheit geübt.

Ein Abschlussspiel mit Wurf gegen zwei Torhüter rundet die Trainingseinheit ab.

Insgesamt besteht die Trainingseinheit aus folgenden Schwerpunkten:
- Kleines Spiel (10/10)
- Ballgewöhnung (10/20)
- Wurfwettkampf (10/30)
- Wurfübungen im Stationstraining (20/50)
- Abschlussspiel (10/60)

Gesamtzeit der Trainingseinheit: 60 Minuten

Copyright © 2009-2016 DV Concept, All Rights Reserved

Nr.: M4-1	Kleines Spiel	10	10

Aufbau:

- Start- und Ziellinie mit Hütchen oder Linien festlegen.

Ablauf:

- Ein Spieler ist Fänger (1) und steht in der Feldmitte (Bild 1).
- Er gibt das Kommando „Spinne, komm' aus deinem Haus!".
- Das ist das Signal für alle anderen Kinder, bis hinter die andere Linie über das Feld zu sprinten (A).
- Der Fänger versucht, einen oder mehrere Spieler abzuschlagen (B).
- Abgeschlagene Spieler (im Bild 3) bleiben im Feld stehen.
- Dann ruft der Fänger wieder das Kommando (Bild 2) und die Spieler laufen erneut durch das Feld. Außer vom Fänger, der sich frei im Feld bewegen darf (E), können die Spieler dabei auch von zuvor gefangenen Spielern abgeschlagen werden (D). Diese Spieler (3) müssen zwar auf der Stelle stehen bleiben, an der sie zuvor gefangen wurden, dürfen sich aber mit dem Oberkörper und den Armen bewegen. Dadurch wird das Feld immer enger (s. Bild 3).

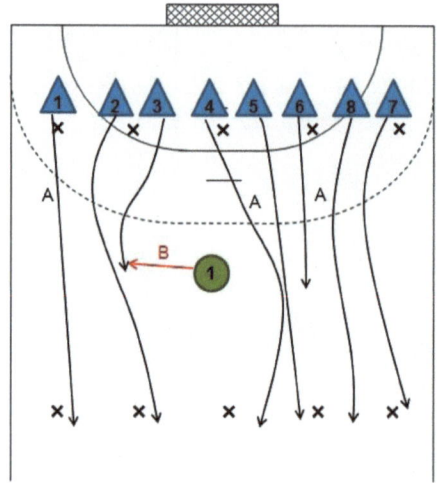

Bild 1

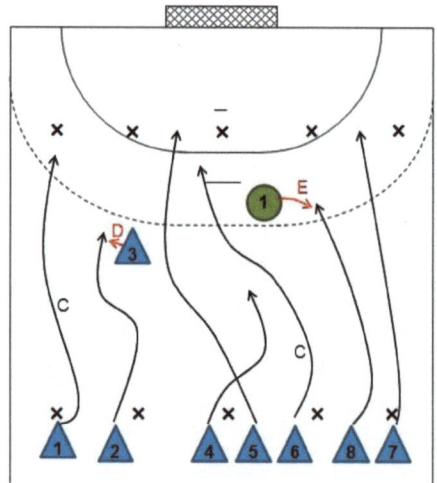

Bild 2

Copyright © 2009-2016 DV Concept, All Rights Reserved

handball-uebungen.de
Trainingseinheiten und Übungen für Ihr Training!

- Der letzte abgeschlagene Spieler ist im nächsten Durchgang der Fänger.

Bild 3

| Nr.: M4-2 | Ballgewöhnung | 10 | 20 |

Aufbau:
- Zwei Mannschaften bilden; für jede Mannschaft eine Ballkiste mit der gleichen Anzahl Bälle füllen.

Ablauf:
- Ein Spieler jeder Mannschaft startet an der Ballkiste. Dieser Spieler wirft die Bälle aus der Kiste ins Feld (A, B und C) und versucht so, die Kiste zu leeren.
- Die Spieler der gegnerischen Mannschaft sammeln die Bälle ein (D) und tragen sie wieder in die Kiste (E).
- Nach 2 Minuten pfeift der Trainer und es wird gezählt, wie viele Bälle jeweils noch in der Kiste sind.
- Die Mannschaft mit weniger Bällen erhält einen Punkt.
- Dann startet der Ablauf erneut mit neuen Spielern an den Ballkisten.

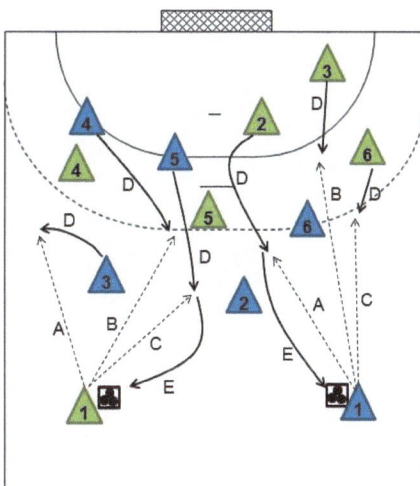

⚠ Es sollte möglichst jeder Spieler einmal versuchen, die Kiste zu leeren. Bei vielen Spielern leeren zwei Spieler gemeinsam die Kisten.

Nr.: M4-3	Wurfwettkampf	10	30

Aufbau:

- Zwei Mannschaften bilden, die jeweils auf einer Seitenauslinie eines mit Hütchen oder Linien definierten Feldes stehen (s. Bild).
- Medizinbälle in der Mitte des Feldes auslegen.

Ablauf:

- Jeder Spieler hat einen Ball.
- Auf Signal starten beide Mannschaften und versuchen durch gezielte Würfe auf die Medizinbälle, diese über die gegnerische Linie zu treiben.
- Alle Spieler dürfen gleichzeitig auf beliebige Medizinbälle werfen.
- Hat ein Medizinball mit gesamtem Umfang eine der Linien überrollt, darf er nicht mehr abgeworfen werden.
- Welche Mannschaft hat es am Ende geschafft, mehr Medizinbälle ins Feld der Gegner zu treiben?

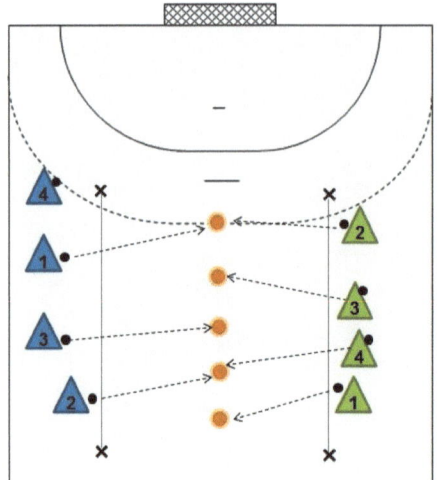

⚠ Den Abstand der Linien und damit den Abstand zu den Medizinbällen entsprechend dem Leistungsvermögen der Spieler variieren.

Copyright © 2009-2016 DV Concept, All Rights Reserved

Nr.: M4-4	Wurfübungen im Stationstraining	20	50

Aufbau:

- Station 1: Zwei Reifen mit Tape in unterschiedlicher Höhe an der Wand befestigen. Eine kleine Turnkiste in einigem Abstand davor aufstellen.
- Station 2: Mit Hütchen eine Abwurflinie ca. 4 Meter vor dem Tor markieren.
- Station 3: Medizinbälle auf einem großen Kasten auslegen; mit Hütchen eine Abwurflinie setzen.
- Station 4: Eine Weichbodenmatte hochkant an die Wand stellen und mit Tape Trefferflächen in den Ecken abgrenzen; mit Hütchen eine Abwurflinie aufstellen.

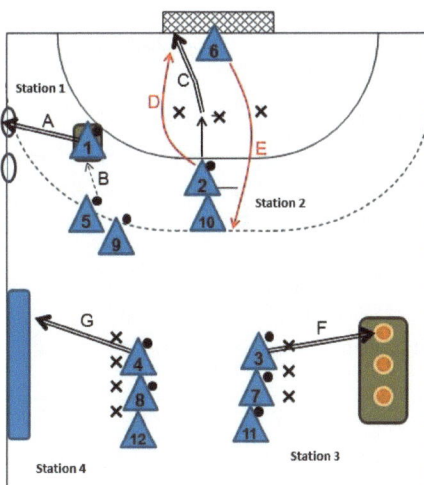

Grundablauf:

- Die Spieler bilden Gruppen mit je 3-4 Spielern und verteilen sich auf die Stationen.
- Auf Kommando führen die Gruppen die Aufgaben an der jeweiligen Station aus.
- Nach ca. vier Minuten werden die Stationen gewechselt, bis jede Gruppe einmal an jeder Station war.

Station 1:

- Ein Spieler (1) sitzt auf dem kleinen Kasten und versucht, in einen Reifen zu treffen (A).
- Die anderen Spieler passen ihm weitere Bälle zu (B).
- Nach fünf Würfen die Aufgaben wechseln.

Station 2:

- Ein Spieler beginnt im Tor (6).
- Die anderen Spieler werfen von der Abwurflinie und versuchen, im Aufsetzer ein Tor zu erzielen (C).
- Trifft ein Spieler das Tor, wird er der neue Torwart (D) und der Torhüter stellt sich als Werfer an (E).

Copyright © 2009-2016 DV Concept, All Rights Reserved

Station 3:
- Die drei Spieler werfen nacheinander von der Linie aus und versuchen, die Medizinbälle vom Kasten zu werfen, bis kein Medizinball mehr auf dem Kasten liegt (F).

Station 4:
- Die drei Spieler werfen nacheinander von der Linie aus auf die Weichbodenmatte und versuchen, jede mit Tape markierte Ecke mindestens einmal zu treffen (G).

⚠ Bei allen Stationen geht es nicht um Zeit, sondern um die richtige Ausführung. Die Wurfausführung deshalb immer wieder korrigieren und Verbesserungsmöglichkeiten aufzeigen.

Nr.: M4-5	Abschlussspiel		10	60

Aufbau:
- Zwei Weichbodenmatten als Ziele auf beiden Seiten des Feldes aufstellen, die Abwurflinien mit Hütchen abgrenzen (s. Bild).

Ablauf:
- Zwei Mannschaft spielen gegeneinander.
- Dabei spielen immer zwei Spieler der abwehrenden Mannschaft im Torraum.
- Es wird aus dem Torraum heraus angespielt (A); einer der beiden Torhüter (🔺2) greift mit dem eigenen Team an (B).
- Dadurch spielt der Angriff immer in Überzahl.
- Die Mannschaft in Ballbesitz versucht, einen Spieler so anzuspielen (C), dass er auf die gegnerische Matte werfen kann.
- Der Wurf erfolgt als Aufsetzer (D), muss also den Boden berühren, bevor er die Matte berührt.
- Beide Torhüter dürfen den Ball abwehren.
- Trifft der Ball nach einem Aufsetzer die Matte, bekommt der Angriff einen Punkt.
- Die andere Mannschaft bringt den Ball aus dem Torraum heraus wieder ins Spiel, ein Torhüter geht mit in den Angriff. Bei der jetzt abwehrenden Mannschaft geht ein zweiter Spieler zur Abwehr in den Torraum zurück.

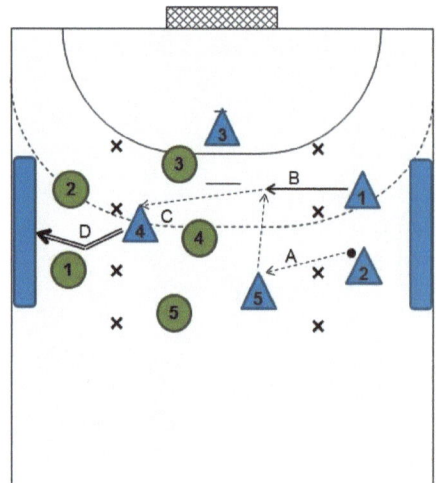

⚠ Die Spieler sollen nach dem Ballwechsel schnell umschalten – ein Torhüter wechselt in den Angriff, beim anderen Team wechselt ein Spieler in den Torraum.

Nr.: M5		Abwehren		★★★	60	
Startblock		**Hauptblock**		**Schlussblock**		
X	Einlaufen		Ballhandling/Ballkoordination	X	Abschlussspiel	
	Laufübung		Passen und Fangen		Sprintwettkampf	
X	Kleines Spiel		Prellen			
	Koordination		Werfen			
	Sprintwettkampf	X	Abwehren			
	Kräftigung		Torhüter			
X	Ballgewöhnung	X	Anwenden im Spiel			

Legende:

✖   Hütchen

🔺1   Angreifer/Spieler

🟢1   Abwehrspieler

⬛   kleine Turnkiste

⬛   Ballkiste

⭕   Reifen

▬   Pommes (Schaumstoffbalken)

Benötigt:
→ 8 Hütchen, ca. 8-10 Reifen, 6 Pommes (Schaumstoffbalken), 2 kleine Turnkisten, ausreichend Bälle

Beschreibung:

Die vorliegende Trainingseinheit befasst sich spielerisch mit den Bewegungen und dem Stellungsspiel in der Abwehr. Nach der Erwärmung, in der Reaktion auf äußere Signale und Beinarbeit mit schnellen Richtungswechseln im Vordergrund stehen, wird in der Ballgewöhnung das Herausfangen von Bällen geübt. Die folgende Abwehrübung übt das Zustellen von Laufwegen. In einem Spiel, in dem die Abwehr im Team spielt, steht das Stellungsspiel zwischen Gegenspieler und Wurfziel im Vordergrund. Ein Abschlussspiel rundet die Trainingseinheit ab.

Insgesamt besteht die Trainingseinheit aus folgenden Schwerpunkten:
- Einlaufen (5/5)
- Kleines Spiel (10/15)
- Ballgewöhnung (10/25)
- Abwehr/Beinarbeit (10/35)
- Abwehr/Team (15/50)
- Abschlussspiel (10/60)

Gesamtzeit der Trainingseinheit: 60 Minuten

Copyright © 2009-2016 DV Concept, All Rights Reserved

Nr.: M5-1	Einlaufen	5	5

Ablauf:

- Die Spieler bilden 2er-Teams.
- Ein Spieler läuft voraus, der zweite mit geringem Abstand hinterher.
- Dabei steuert der zweite Spieler die Laufrichtung des ersten, indem er ihm die folgenden Signale gibt:
  - Klopfen auf die rechte Schulter → nach rechts abbiegen.
  - Klopfen auf die linke Schulter → nach links abbiegen.
  - Klopfen auf beide Schultern → stehenbleiben.
  - Erneutes Klopfen auf beide Schultern → weiterlaufen.
- Nach einiger Zeit die Aufgaben tauschen.

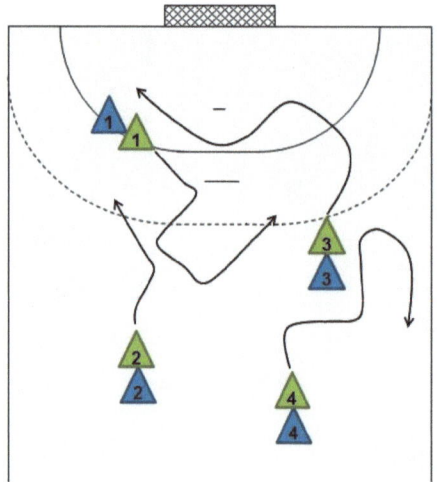

Variation:

- Dem vorderen Spieler werden die Augen verbunden.

Nr.: M5-2	kleines Spiel	10	15

Aufbau:

- Mit Hütchen (oder Linien) ein Feld begrenzen.

Ablauf:

- Die Spieler legen sich zu zweit nebeneinander auf den Boden.
- Zwei Spieler bleiben stehen, einer ist Fänger (1), der andere wird gefangen (2).
- 1 versucht, 2 zu fangen (A).
- 2 flieht (B). Wenn 2 sich neben ein am Boden liegendes Pärchen legt (C), wird der entfernt liegende Spieler

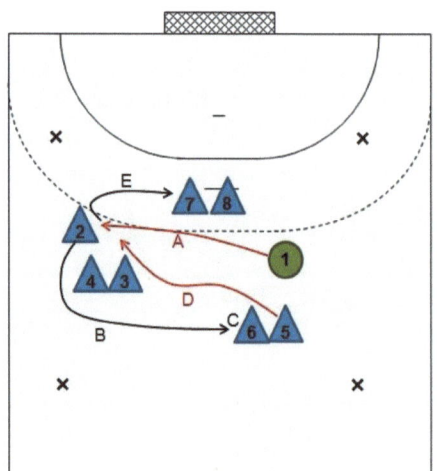

- (hier ⑤) zum neuen Fänger und versucht, ① zu fangen (D).
- ① flieht (E) und kann sich seinerseits neben ein Pärchen auf den Boden legen. Usw.
- Wird ein Spieler gefangen, bevor er sich neben eines der Pärchen legt, wechseln sofort die Aufgaben.

⚠ Die Spieler sollen schnell umschalten, der neue Fänger steht sofort auf und der bisherige Fänger flieht.

⚠ Die Spieler sollen sich häufig neben ein Pärchen legen und so den Fänger oft wechseln.

Nr.: M5-3	Ballgewöhnung	10	25

Ablauf:
- Alle Spieler bis auf zwei setzen sich im Kreis (bei größeren Gruppen zwei Kreise bilden oder drei Abwehrspieler definieren).
- Die Spieler im Kreis passen sich einen Ball (A und B).
- ① und ② versuchen, diesen Ball herauszufangen.
- Wird ein Ball herausgefangen oder geht der Ball verloren, wechselt der Passgeber mit dem Spieler, der bereits länger in der Abwehr ist.

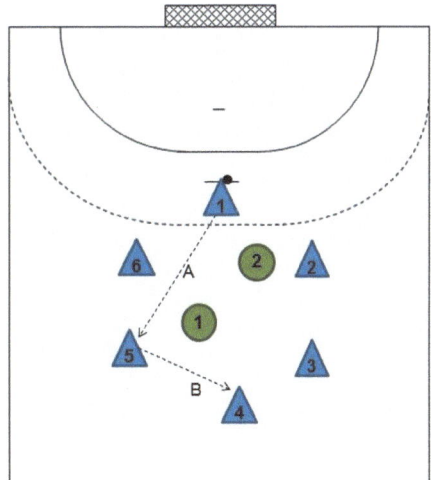

Variationen:
- Die Spieler im Kreis sitzen nicht, sondern stehen; es sind nur Bodenpässe crlaubt.
- Die Spieler im Kreis stehen auf einem Bein; es sind keine Bogenlampen erlaubt.

⚠ Die Abwehrspieler sollen zusammenarbeiten.

⚠ Die Bälle sollen nicht mit dem Fuß abgefangen werden.

| Nr.: M5-4 | Abwehr/ Beinarbeit | 10 | 35 |

Aufbau:

- Reifen im Kreis auslegen (mind. ein Reifen mehr als Spieler).

Ablauf:

- Die Spieler verteilen sich in die im Kreis liegenden Reifen.
- Ein Spieler steht in der Mitte des Kreises ohne Reifen (▲).
- ▲ versucht, in einen der freien Reifen zu gelangen (A).
- Die anderen Spieler verhindern dies, indem sie schnell seitlich in den freien Reifen laufen, sodass dieser blockiert ist (B).

- Ist ein Reifen blockiert, versucht ▲, einen anderen Reifen zu betreten (C), was die anderen Spieler durch schnelle seitliche Bewegungen (D) verhindern.
- Gelingt es ▲, einen Reifen zu betreten, geht der rechte Nachbar als nächstes in den Kreis.

⚠ Die Spieler in den Reifen sollen nachrücken, sodass der Spieler in der Mitte keinen Reifen erreichen kann.

⚠ Nach ca. 10 Versuchen den Spieler in der Mitte tauschen

Copyright © 2009-2016 DV Concept, All Rights Reserved

Nr.: M5-5	Abwehr/Team	15	50

Aufbau:

- Zwei kleine Turnkisten aufeinanderstellen.
- Mit Pommes (Schaumstoffbalken) einen Kreis um die Turnkisten markieren, der nicht betreten werden darf.
- Mit Hütchen oder weiteren Pommes einen äußeren Kreis in einigem Abstand markieren.

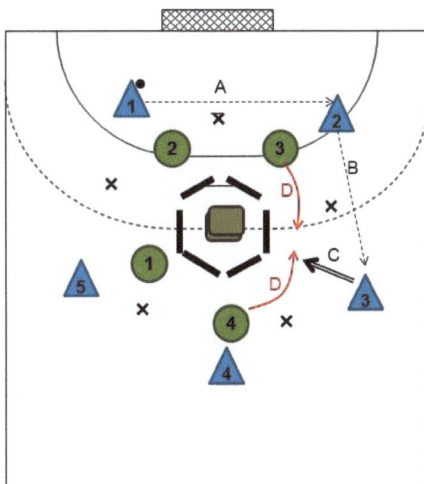

Ablauf:

- Zwei Mannschaft spielen gegeneinander.
- Die angreifende Mannschaft steht außerhalb des Hütchenkreises und versucht, durch Pässe (A und B), einem Spieler die Möglichkeit zu geben, auf die kleinen Kisten zu werfen (C).
- Wird eine Kiste getroffen, bekommt die Mannschaft einen Punkt.
- Die abwehrende Mannschaft agiert in Unterzahl und versucht, einen Treffer der Kisten zu verhindern, indem immer ein Abwehrspieler zwischen dem Angreifer mit Ball und den Turnkisten steht.
- Da die Abwehr in Unterzahl agiert, müssen die Spieler sich seitlich bewegen (D), um Lücken zu schließen.
- Nach einigen Versuchen die Aufgaben wechseln (mindestens ein Spieler bleibt im Angriff, damit wieder eine Überzahl entsteht).

⚠ Die angreifende Mannschaft darf zunächst nur Pässe zu benachbarten Mitspielern spielen; erst im weiteren Verlauf auch Diagonalpässe (z. B. von 🔺 zu 🔺) zulassen.

⚠ Eventuell mit einem Softball spielen, um der Abwehr die Angst vor einem Treffer zu nehmen.

⚠ Die Abwehrspieler sollen schnell verschieben (D) und auf den Ballhalter zugehen, die Pässe im Angriff (A, B) jedoch zulassen.

Copyright © 2009-2016 DV Concept, All Rights Reserved

Nr.: M5-6	Abschlussspiel	10	60

Aufbau:

- Mit Hütchen das Feld in mehrere Korridore trennen (hier drei Korridore).
- Falls keine zwei Tore zur Verfügung stehen, gegenüber vom Tor mit Hütchen oder Stangen den Zielbereich markieren (F).
- Es werden zwei Mannschaften gebildet, wobei die Spieler jeder Mannschaft sich möglichst gleichmäßig auf die Korridore verteilen (eventuell die mittleren Korridore mit weniger Spielern besetzen als die äußeren).

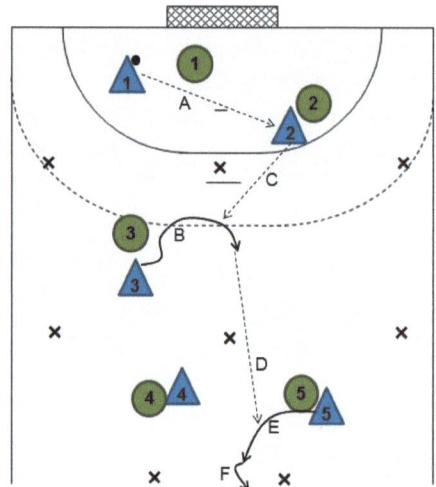

Ablauf:

- Ziel der Mannschaften ist es, den Ball entweder im Tor (Mannschaft 1) oder im Hütchentor auf der gegenüberliegenden Seite (Mannschaft 2) abzulegen.
- Dabei dürfen die Spieler den jeweiligen Korridor nicht verlassen, sondern müssen von Korridor zu Korridor passen (C und D).
- Es sind auch Pässe innerhalb eines Korridors (A) und Pässe zurück in den vorherigen Korridor erlaubt.
- Die Spieler in den einzelnen Korridoren müssen sich freilaufen (B und E), um einen Pass zu ermöglichen.
- Schafft es eine Mannschaft, den Ball im Ziel abzulegen (F), bekommt sie einen Punkt und die andere Mannschaft darf nun versuchen, den Ball über die Korridore auf die andere Seite zu passen und ihrerseits einen Punkt zu erzielen.
- Welche Mannschaft erzielt mehr Punkte?

Variationen:

- Nur Bodenpässe zulassen
- Den Angriff im mittleren Korridor in Überzahl agieren lassen, um das Passen zwischen den Korridoren zu erleichtern (diese Variante bietet sich auch an, wenn die Spieleranzahl ungerade ist)

⚠ Die Korridore und somit die Aufgaben regelmäßig tauschen

Copyright © 2009-2016 DV Concept, All Rights Reserved

4. Druckvorlage für die Trainingsplanung

Beschreibung: Jede Übung des Trainings kann über eine eigene Skizze (Spielfeld-Vordruck) plus Beschreibungstext geplant werden.

handball-uebungen.de
Trainingseinheiten und Übungen für Ihr Training!

Datum: _____ Thema: _____

Thema:	Zeit:
Beschreibung:	

Thema:	Zeit:
Beschreibung:	

Thema:	Zeit:
Beschreibung:	

Kostenloser Download und weitere Vorlagen unter: http://handball-uebungen.de/index.php/formulare

Copyright © 2009-2016 DV Concept, All Rights Reserved

5. Über den Autor

JÖRG MADINGER, geboren 1970 in Heidelberg

Juli 2014 (Weiterbildung): 3-tägiger DHB Trainerworkshop
"Grundbausteine Torwartschule"
Referenden: Michael Neuhaus, Renate Schubert, Marco Stange,
Norbert Potthoff, Olaf Gritz, Andreas Thiel, Henning Fritz

**Mai 2014 (Weiterbildung): 3-tägige DHTV/DHB
Trainerfortbildung** im Rahmen des VELUX EHF FinalFour
Referenden: Jochen Beppler (DHB Trainer), Christian vom Dorff
(DHB Schiri), Mark Dragunski (Trainer TuSeM Essen), Klaus-Dieter
Petersen (DHB Trainer), Manolo Cadenas (Nationaltrainer Spanien)

Mai 2013 (Weiterbildung): 3-tägige DHTV/DHB Trainerfortbildung im Rahmen des
VELUX EHF FinalFour
Referenden: Prof. Dr. Carmen Borggrefe (Uni Stuttgart), Klaus-Dieter Petersen (DHB
Trainer), Dr. Georg Froese (Sportpsychologe), Jochen Beppler (DHB Stützpunkttrainer),
Carsten Alisch (Nachwuchstrainer Hockey)

seit Juli 2012: Inhaber der DHB A-Lizenz

seit Februar 2011: Vereinsschulungen, Coaching im Trainings- und Wettkampfbetrieb

November 2011: Gründung Handball Fachverlag (handall-uebungen.de, Handball Praxis
und Handball Praxis Spezial)

Mai 2009: Gründung der Handball-Plattform handball-uebungen.de

2008-2010: Jugendkoordinator und Jugendtrainer bei der SG Leutershausen

seit 2006: B-Lizenz Trainer

Anmerkung des Autors
1995 überredete mich ein Freund, mit ihm zusammen das Handballtraining einer
männlichen D- Jugend zu übernehmen.

Dies war der Beginn meiner Trainertätigkeit. Daraufhin fand ich Gefallen an den Aufgaben
eines Trainers und stellte stets hohe Anforderungen an die Art meiner Übungen. Bald
reichte mir das Standardrepertoire nicht mehr aus und ich begann, Übungen zu modifizieren
und mir eigene Übungen zu überlegen.

Heute trainiere ich mehrere Jugend- und Aktivmannschaften in einem breit gefächerten
Leistungsspektrum und richte meine Trainingseinheiten gezielt auf die jeweilige Mannschaft
aus.

Seit einigen Jahren vertreibe ich die Übungen über meinen Onlineshop handball-
uebungen.de. Da die Tendenz im Handballtraining, vor allem im Jugendbereich, immer
mehr in Richtung einer allgemeinen sportlichen Ausbildung mit koordinativen
Schwerpunkten geht, eignen sich viele Spiele und Spielformen auch für andere Sportarten.

Lassen Sie sich inspirieren von den verschiedenen Spielideen und bringen Sie auch Ihre
eigene Kreativität und Erfahrung ein!

Ihr
Jörg Madinger

Copyright © 2009-2016 DV Concept, All Rights Reserved

6. Weitere Fachbücher des Verlags DV Concept

Von A wie Aufwärmen bis Z wie Zielspiel – 75 Übungsformen für jedes Handballtraining

Ein abwechslungsreiches Training erhöht die Motivation und bietet immer wieder neue Anreize, bekannte Bewegungsabläufe zu verbessern und zu präzisieren. In diesem Buch finden Sie Übungen zu allen Bereichen des Handballtrainings vom Aufwärmen über Torhüter einwerfen bis hin zu gängigen Inhalten des Hauptteils und Spielen zum Abschluss, die Sie in ihrem täglichen Training mit Ihrer Handballmannschaft inspirieren sollen. Alle Übungen sind bebildert und in der Ausführung leicht verständlich beschrieben. Spezielle Hinweise erläutern, worauf Sie achten müssen.

Insgesamt gliedert sich das Buch in die folgenden Themenschwerpunkte:

Erwärmung:
- Grunderwärmung
- Kleine Spiele zur Erwärmung
- Sprintwettkämpfe
- Koordination
- Ballgewöhnung
- Torhüter einwerfen

Grundübungen, Grund- und Zielspiele:
- Angriff / Wurfserien
- Angriff allgemein
- Schnelle Mitte
- 1. und 2. Welle
- Abwehraktionen
- Abschlussspiele
- Ausdauer

Am Ende finden Sie dann noch eine komplette methodisch ausgearbeitete Trainingseinheit. Ziel der Trainingseinheit ist das Verbessern des Wurfs und der Wurfentscheidung unter Druck.

Passen und Fangen in der Bewegung - 60 Übungsformen für jedes Handballtraining

Passen und Fangen sind zwei Grundtechniken im Handball, die im Training permanent trainiert und verbessert werden müssen. Die vorliegenden 60 praktischen Übungen bieten viele Varianten, um das Passen und Fangen anspruchsvoll und abwechslungsreich zu trainieren. Ein besonderer Fokus liegt dabei darauf, die Sicherheit beim Passen und Fangen auch in der Bewegung mit hoher Dynamik zu verbessern. Deshalb werden die Übungen mit immer neuen Laufwegen und spielnahen Bewegungen gekoppelt.

Die Übungen sind leicht verständlich in Text und Übungsbild erklärt und können in jedes Training direkt integriert werden. Durch verschiedene Schwierigkeitsgrade und Komplexitätsstufen kann für jede Altersstufe das Passen und Fangen passend gestaltet werden.

Copyright © 2009-2016 DV Concept, All Rights Reserved

Effektives Einwerfen der Torhüter - 60 Übungsformen für jedes Handballtraining

Das Einwerfen der Torhüter ist in nahezu jedem Training notwendiger Bestandteil. Die vorliegenden 60 Übungen zum Einwerfen bieten hier verschiedene Ideen, um das Einwerfen sowohl für Torhüter als auch für die Feldspieler anspruchsvoll und abwechslungsreich zu gestalten. Ein besonderer Fokus liegt dabei darauf, schon beim Einwerfen die Dynamik der Spieler zu verbessern.

Die Übungen sind leicht verständlich durch Text und Übungsbild erklärt und können in jedes Training direkt integriert werden. Ob gekoppelt mit koordinativen Zusatzübungen oder vorbereitend für Inhalte des Hauptteils, kann für jedes Training und durch verschiedene Schwierigkeitsstufen für jede Altersstufe das Einwerfen passend gestaltet werden.

Wettkampfspiele für das tägliche Handballtraining - 60 Übungsformen für jede Altersstufe

Handball lebt von schnellen und richtig getroffenen Entscheidungen in jeder Spielsituation. Dies kann im Training spielerisch und abwechslungsreich durch handballnahe Spiele trainiert werden. Die vorliegenden 60 Übungsformen sind in sieben Kategorien unterteilt und schulen die Spielfähigkeit.

Folgende Kategorie beinhaltet das Buch:
- Parteiball-Varianten
- Mannschaftsspiele auf verschiedene Ziele
- Fangspiele
- Sprint- und Staffelspiele
- Wurf- und Balltransportspiele
- Sportartübergreifende Spiele
- Komplexe Spielformen für das Abschlussspiel

Die Spiele sind leicht verständlich durch Text und Übungsbild erklärt und können in jedes Training direkt integriert werden. Durch verschiedene Schwierigkeitsstufen, zusätzliche Hinweise und Variationsmöglichkeiten, können sie für jede Altersstufe angepasst gestaltet werden.

Copyright © 2009-2016 DV Concept, All Rights Reserved

Taschenbücher aus der Reihe Handball Praxis

Handball Praxis 1 - Handballspezifische Ausdauer (5 Trainingseinheiten)

Handball Praxis 2 - Grundbewegungen in der Abwehr (5 Trainingseinheiten)

Handball Praxis 3 - Erarbeiten von Auslösehandlungen und Weiterspielmöglichkeiten
(5 Trainingseinheiten)

Handball Praxis 4 - Intensives Abwehrtraining im Handball (5 Trainingseinheiten)

Handball Praxis 5 - Abwehrsysteme erfolgreich überwinden (5 Trainingseinheiten)

Handball Praxis 6 - Grundlagentraining für E- und D- Jugendliche (5 Trainingseinheiten)

Handball Praxis 7 - Handballspezifisches Ausdauertraining im Stadion und in der Halle (5 Trainingseinheiten)

Handball Praxis 8 - Spielfähigkeit durch Training der Handlungsschnelligkeit
(5 Trainingseinheiten)

Handball Praxis Spezial 1 - Schritt für Schritt zur 3-2-1 Abwehr (6 Trainingseinheiten)

Handball Praxis Spezial 2 - Schritt für Schritt zum erfolgreichen Angriffskonzept gegen eine 6-0 Abwehr (6 Trainingseinheiten)

Weitere Taschenbücher und eBooks finden Sie unter
www.handball-uebungen.de

7. Gutschein

Mit diesem Gutscheincode erhalten Sie als Neukunde auf www.handball-uebungen.de die Trainingseinheit "**174 - Grundlagen der koordinativen Laufbewegung und Wurftechnik trainieren**" kostenlos im Downloadbereich als eBook freigeschaltet. Geben Sie bitte bei der Registrierung den folgenden Code im Feld Gutscheincode ein:

Gutscheincode: HPSatMINI

www.ingramcontent.com/pod-product-compliance
Lightning Source LLC
Chambersburg PA
CBHW042131080426
42735CB00001B/47